Bibliografische Information der Deutschen Nationalbibliothek

Die Deutsche Nationalbibliothek verzeichnet diese Publikation
in der Deutschen Nationalbibliografie;
detaillierte bibliografische Daten sind im Internet
über http://dnb.d-nb.de abrufbar.

AF286501

Herstellung und Verlag:
BoD - Books on Demand, Norderstedt
2. Auflage
© 2017 Joe Schmeing
Fotos Buchblock: Joe Schmeing
Foto Cover: Joe Schmeing
Covergestaltung: Rolf Rötgers
Satz und Layout: Rolf Rötgers
ISBN 978-3-8391-0216-9

Die Winehouse singt ...

Joe Schmeing

Katzenspiele

Sie lehnte am Fenster
ihrer Wohnung und sah,
wie´s mit der fremden Katze
und dem Meerschweinchen war.

Mit ihrem Schweinchen
wurde so lustig getollt.
Sie konnt´s nicht verhindern,
selbst wenn sie gewollt.

Im Gesicht ihre Hände,
sie vergruben das Leiden.
Keine Kraft mehr, keinen Willen,
keines von Beiden.

Dann tat es ein Knacken:
Vom Schwein das Genick!
Ihre Brust war zerfressen,
zerfressen ihr Glück.

Zweimal zerschnibbelt,
dann das Chemo-Kit.
Keine Chance mehr, das war´s.
So teilte man mit.

Ihr Schweinchen war weg.
Sie sah ziellos zum Ginster.
Die Zeit verrann leise
und die Zukunft war finster.

Regen

Ich schwebe durch den Regen,
der wie alte Märchen fällt,
auf die Dächer, an die Fenster
und von Poesie erzählt.

Er fällt durch mich hindurch,
durch meine Seele, durch mein Herz.
Er fällt, auf die ich liebe,
auf die Erde, himmelwärts.

Ich denke an die Schönheit,
bekämpf den Widersinn
und die Unvollkommenheit;
ich bin so, wie ich bin!

Meine Zweifel sind so groß,
red ich doch von Dingen,
die nur Dich berühren
und sich durch Dich bedingen.

Würd ich doch nur glauben,
an die Dinge, die ich tu ...
Wahrheit gibt´s nur einmal
und die Wahrheit: Das bist Du!

Durch den Regen meiner Worte
wünsche ich Dir leise-sacht,
bei Dir seiend, mit Dir fühlend,
meine Liebste: Gute Nacht!

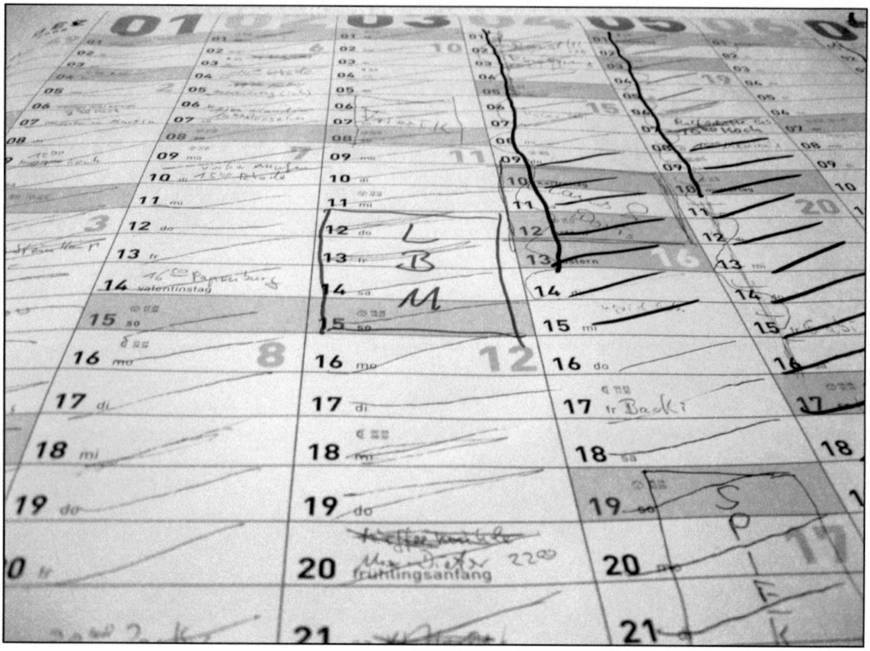
valentinstag
frühlingsanfang

Geplant

Geplant war das nicht,
das mit dem Leben.
Geplant war das nicht.

Geplant war das nicht,
das mit den Gefühlen.
Geplant war das nicht.

Geplant war das nicht,
das mit der Liebe.
Geplant –
war etwas völlig anderes!

Frühling I

Komm! Warmer Südwind.
Treib die Sonne heran.
Schüttel die Bäume
und fege den Schnee
des letzten Winters hinfort.
Schenke Blumen und Gräsern,
den Menschen und mir,
den immer neuen Lebenstraum.

12³⁰ Dr. Hemmo

14⁰⁰ Werensteins

15⁰⁰ Charlotte

16⁰⁰ Einkaufe

17⁰⁰ Sport-Park

20⁰⁰ Kino

14

Charlotte

Charlotte, Charlotte!
Du hast mich betrogen,
um genau einen Cent!
Charlotte, Charlotte!
Du hast mich belogen,
mit ´nem andern gepennt!
Charlotte, Charlotte!
Du tust mir nicht weh ...
aber ich ärger mich trotzdem,
wenn ich dich seh.

Von ganzem Herzen

Wenn Du mich hasst
und ich Dich auch,
hat jeder ein Gefühl
in seinem Bauch.

Andere haben nichts;
Leere ist nicht viel.
Hass ist immerhin
auch ein Gefühl.

Hass ist hässlich,
kann jedoch munden.
Kann wie Liebe,
schwer verwunden.

Das Gefühl für Dich
das macht mir Schmerzen.
Reicht Dich zu hassen,
von ganzem Herzen.

Du und ich

Das was war und das was ist,
ist nicht das was wird.

Die getakteten Zeiten haben ihren
Rhythmus im Sein verloren.

Früher ist schon so lange her,
dass keiner wirklich was weiß.

Vieles zerfällt gerade so,
wie es die Mode befiehlt.

Licht und Schatten sind
sich nicht mehr eins.

Es liegt der Sinn
in schlimmer Raserei.

Verbleiben nur noch:
Du und Ich!

Aber was ist mit Dir?
Und was ist mit mir?

Falscher Glaube

Lies nicht weiter – meins kostet!
Dein Geld, deinen Glauben,
deine Zeit, deine Leere,
deine Gier, deine Hast,
deinen Verstand und
deinen Egoismus auch.

Und sobald ich Alldeins habe,
befällt Dich in deiner Gier
der Wahn, besitzen zu wollen
wovon Du gehört hast,
dass es sich verdopple
sobald man es gibt!

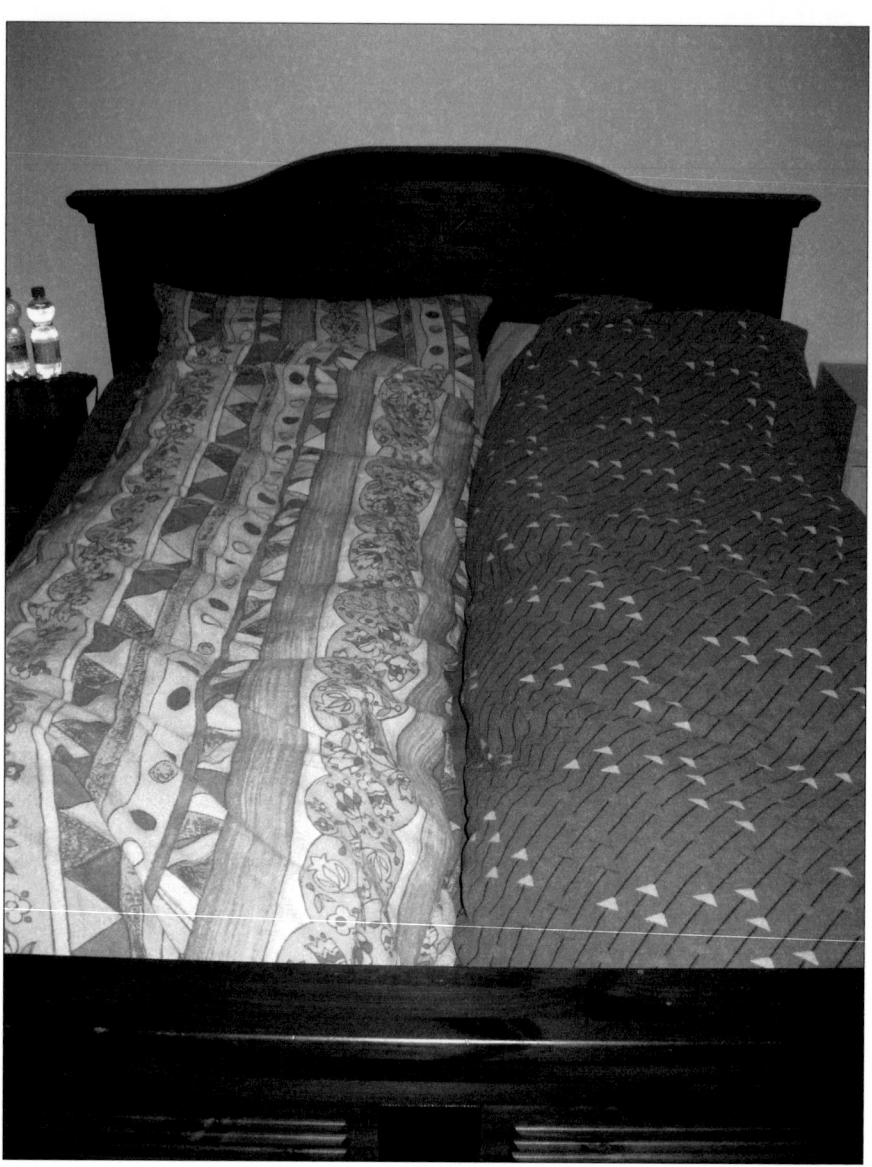

Verbrannt

Hundertvierzig mal Hundertneunzig.
Schaumstoff , Holz,
Flecken.

Es hat schön gebrannt.
Es musste weg.
Es konnte

Sich nicht erinnern,
wann die letzte
Vögelei

Gewesen war und
da auch ich es
nicht wusste,

Reichen jetzt:
Ein Meter,
mal Zwei.

Ausgetrunken

Der Becher ist leer,
mir geht´s nicht gut.
Morgen kommt nichts.
Nach mir die Flut.

Jahr um Jahr gleiches,
ewig Gegreine.
Ich will nicht mehr.
Jedem das Seine.

Zu lange habe ich
den Müll der Leute,
mir anhören müssen
und heute

hab ich mir gedacht:
nichts unterscheidet
mich von denen.
Meine Seele, sie leidet.

Morgen werd ich,
was soll das Plagen,
eine Kugel durch
mein Inneres jagen.

A 2

Nahe der Abfahrt
Erkenschwick – Buer
lag still und leis,
eine tiefrote Spur.

Sie schimmerte im
blauen Gewitter.
Die Meldung: Stau!
War den meisten bitter.

Eine Hand die ich sah,
zeigte ins nichts.
Lag neben den Resten
eines schönen Gesichts.

Zehn Meter weiter:
Die Leber in Blut.
Heile-heile-Gänschen
Alles wird gut!

Für Peter Zurreit war´s
der Sprung aus dem Leben.
Hundertvierzig Autos
haben´s ihm mächtig gegeben.

Soviel Zuneigung,
das hat gesessen.
Er hat sich sozusagen
in ihre Reifen gefressen.

Mutter

Die Realität,
war nie deine Welt.
Du hast dich ihr
entgegengestellt.

Du hast Dich selbst
und alles belogen.
Du hast eine Feder
zum Kilo gewogen.

Es musste nur passen
ins Kartenhaus.
In der Hoffnung, es ziehe
keiner was raus.

Ein fragiles Gebilde,
auf Lügen gestützt.
Gebaut auf Lügen.
Wem das wohl nützt?

Deine Angst davor,
dass alles aufflog,
ließ dich hart kämpfen
gegen den Tod.

Da hat Dich das Leben
bös angeschmiert
- weil nun das Ganze
keine Sau interessiert.

Créme Brûlé

Kübel füllen und wieder leeren.
Das Kraut im Keller beschweren.
Gedärm aus den Leibern reißen.
Zwischendurch rauchen und scheißen.

Grünzeug zupfen, hacken und wiegen.
Den Schmöchel aus Breiigem sieben.
Sabbernde Köpfe von Kalb und Schwein
mit glasigen Augen ins Kochende rein.

Heißes Fett spritzt, die Haut brennt,
Da ist der Chef, der Dich Arsch nennt.
Er sabbert und lallt was von Ficken
und ist dabei etwas anzudicken.

Wie´s scheint eine Créme Brûlé!
Jemand kloppt das Eiweiß zu Schnee.
Alle schwitzen, schreien und stinken,
Reste von Anstand versinken.

Federkiele mit Hitze versengen,
rohes Gehacktes mit Händen vermengen,
mit glibbrigem Ei und Würze abdrehn.
Mit den Sohlen in Abfällen stehn.

Die Füße schmerzen, dick sind die Beine.
Zehn Stunden – Du fühlst Dich alleine.
Bis in die Kneipe kannst Du noch laufen,
da heißt es dann saufen, saufen und saufen.

Verrat

Wenn zwei Verletzte wie wir,
Jahre brauchen,
um an einer Frittenbude
eine Wurst zu essen,

ohne dabei an
einen Hinterhalt zu denken.
Wenn wir geschafft haben,
was mit anderen nie gelang:

Stunden beieinander
zu sitzen, ohne das Gefühl
der Langeweile zu haben,
obwohl kein Wort fällt.

Ja, dann frag ich mich,
warum Du diese dornige
Schönheit des Einklanges
dermaßen verrätst?

Bach

Alles in G-Dur.
Ich höre die Unerhörtheit
und sehe nur:
Sich Finger daran brechen.

Sehe Ignoranten
Und Dumme daran scheitern.
Fröhlich tanzen,
die nicht ganzen Geistes sind.

Beste sind verloren
angesichts des Irrwitz.
Einundzwanzig Tage
hab ich nicht gefressen.

Bis ich verstand!

Sich der Kontrapunkt
aus siebzehnhundertzehn,
mit dem Hier und Jetzt,
so meisterlich verband.

Kinderglauben

Angst ist Angst
Und Mut ist Mut
Bös ist bös
Und gut ist gut

Die Nacht ist schwarz
Die Wand ist weiss
Das Eis ist kalt
Der Ofen heiss

Der Gute zieht
der Schlechte fällt
So wünsche ich
mir diese Welt

Wünsche sind
Ein schlechter Ort
Für das was ist.
Das böse Wort

Das ist nicht Krebs
nicht Pest und Tod
Das ist nicht Elend
Leid und Not

Es ist ein schneller
Schlangenbiss
das zuckersüße:
Kompromiss!

Zaubernacht

Fasernackt saßen
wir in ihrem Bett

Unerfindliche Gründe
trieben uns auf Oboe
und Flöte eigentümlich
schöne Melodien
in die Nacht zu zeichnen.
So ergab sich von Glück
berauschte Harmonie

Und dabei wollten wir
doch eigentlich nur ficken.

Paolo Gasparini

Fünf Fische jeden Tag
mit etwas Brot zum Essen,
das war vor fünfzig Jahren,
ich werd es nie vergessen.

Die Armut war so groß,
dass ich nach Deutschland reiste,
die Familie verlassend,
damit´s zum Leben reichte.

Die Schuhe, die ich trug,
waren durchgelaufen,
mein Anzug war zerschlissen,
ein jämmerlicher Haufen.

Bei Euch, da gab´s viel Arbeit,
am Tag wohl 14 Stunden.
Essen. Trinken. Kleidung.
Doch auch tiefe Wunden.

Tage voller Sehnsucht
und Jahre ohne Glück,
Nächte ohne Liebe.
Ich wollte nur zurück.

Doch wie sagt euer Sprichwort
„Die Zeit heilt alle Wunden!"
Euer Sprichwort das hat recht!
Mit der Zeit sind sie verschwunden.

Meine Heimat ist Sardinien.
Meine Heimat ist auch hier.
Ich bin so lange schon in diesem Land,
Ich glaub, ich sterbe hier.

Meine Reise, die war lang.
Ich habe viel bekommen.
Ich leb in diesem Land
und bin hier angenommen.

Meine Frau heißt Karin.
Meine Freunde Hans und Mick
In Essens wildem Norden.
In Segrott! Das ist: Glück!

Gemeinsam gingen uns´re Kinder
hier in den Kindergarten
machten Schule, Lehre, Abitur.
Was will man mehr erwarten.

Ich bin jetzt an die Siebzig,
da ist nicht mehr viel Zeit,
was zu tun war, ist getan.
Ich habe nichts bereut.

Das größte Glück sind meine Enkel.
Ich seh sie größer werden.
Ja, ich bin hier angekommen
und ich glaub, ich werd hier sterben.

Plastiknutte

Ich stehe an den Ecken,
wo sonst keine stehn,
bin langsam am Verrecken,
hier kann´s keiner sehn.

Ich vögel jeden Freier,
das iss mir scheißegal!
Ob mit oder ohne Eier,
für`n Zwanni - ganz legal.

Die Perlenschnur an meinem Arm
zieht sich die Adern lang.
Der weiße Stoff kennt kein Erbarmen.
Dreihundert schaff ich täglich ran.

Kommen nicht genug zum Ficken,
dann wird es wirklich eng,
dann zittre ich und heule;
der weiße Meister ist so streng.

Es ist kalt und regnet,
der Kegel eines Autolichts
erwischt mich grad beim Kotzen -
ach, das macht doch nichts.

Ich mach es euch auch „ohne"
solang ihr zahlen könnt
und mir die Minuten hinterher
mit dem weißen Pulver gönnt.

Ich bin die Plastiknutte
in der Lederkutte!
Ich mach´s wie´s euch gefällt!
Das widerliche Rumgerucke
für wirklich kleines Geld,
für wirklich kleines Geld ...

Zehn Minuten

Ich wohn Berliner Strasse,
Drecks-Haus im Nirgendwo.
In Wohnung vierundreißig.
Egal ist das ja sowieso ...

„Es ist jetzt zehn Minuten vor ...!"
Schnarrt´s aus dem Radio.
Geschreie und Getümmel,
hier mitten im Irgendwo.

Ihre letzte große Liebe;
Patsy heult im Nachbarhaus,
ist mit Marion verschwunden,
einer süßen kleinen Maus.

Bernie steht in Hundekacke
und kuckt in Richtung Tor.
Drei Typen hängen da herum;
die haben Scheiße vor.

Floppi steht in Weizenmehl,
hat keinen Bock zu Backen.
Er ist im Haus der Bäcker
und geht jetzt erst mal Kacken.

Den Gestörten nennen sie Otto,
der lässt´s mal wieder krachen.
Metal bis zum Anschlag,
bis die Ohren lachen.

Nix geht ohne Jeepster,
den wirklich alle hassen.
Hausmeister und Blockwart.
Betreut hier die Insassen.

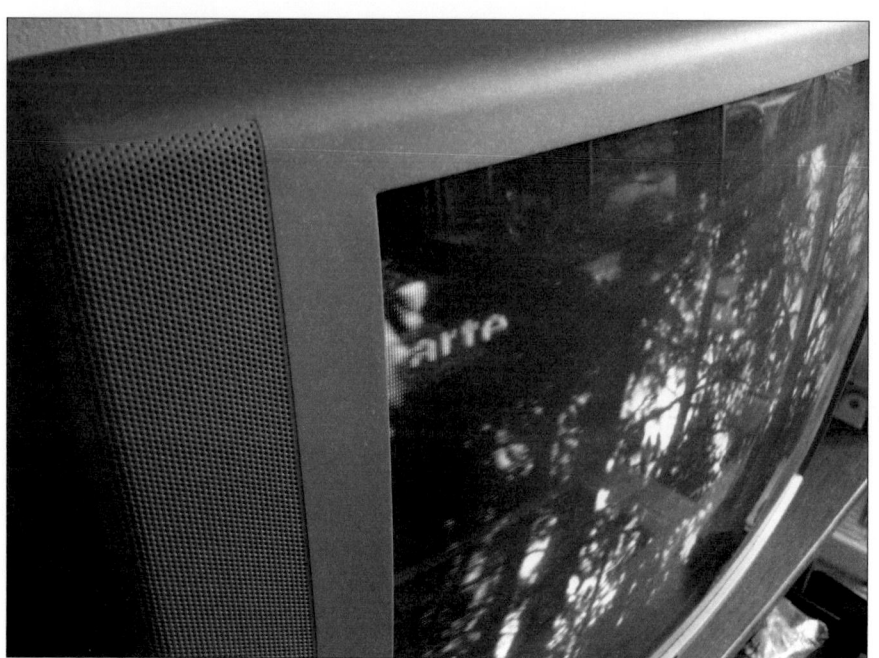

Das Scheißhaus ist verstopft
und Lucy kreischt nach Stoff,
mit Scheiße an den Schuhen
macht Bernie grade Zoff.

Er geht zum Tor im Innenhof,
zu diesen coolen Typen,
er schreit, die zieh´n ´ne Knarre
und fangen an zu schießen.

Lucy hat jetzt endlich Stoff
und hört auf zu zicken,
ausgerechnet jetzt muss Cheesy
mit seiner Alten ficken.

Statt Kreischen nun Gestöhne.
Die Alte schreit: Ohh – guuttt!
Im Innenhof liegt Bernie
ganz ruhig im eignen Blut.

Floppi ist mit Kacken fertig,
steht mit Jeepster neben Bernd,
sind irgendwie verwandt;
aber nur entfernt.

Bis die Bullen kommen,
ist noch etwas Zeit.
Bei Otto heult sich Patsy aus
und macht die Beine breit.

Aus dem Radio schepperts:
„Die Welt ist schön mit Jade"
und : „Es ist jetzt achtzehn Uhr!"
Ich denke: Oh, wie schade!

Ein Film kommt nun auf ARTE;
von Überschwemmungsfluten.
Ach wie schnell vergingen doch,
die letzten zehn Minuten.

Herbstromanze

Das erste mal, da sah ich,
zwei Wochen ist es her,
dich am Strand spazieren gehn,
durch das Licht am Meer.

Leicht strich eine Brise,
dir um´s seichte Haar.
Die Zeit war still und leise,
als wäre sonst nichts da.

Nur noch wir zwei alleine.
Kein Raum und keine Zeit.
Dieser winzige Moment.
Der Himmel stand so weit.

Du hast die Welt verzaubert,
ich denke oft daran,
wie nur eine Frau wie Du,
sie verzaubern kann!

Ich fühl es noch wie heute,
wenn ich die Wege geh.
Wir gingen an den Stränden
von: ... Bergen aan Zee.

Ich rieche Dich noch immer.
Dein süßer Duft im Kissen.
Dein Name war Marie.
Ich werde dich vermissen.

Ein Stich in meinem Herzen,
ein Schlag in meinem Bauch.
Will kein Gefühl mehr schenken!
In fünf Tagen fahr ich auch ...

Sternstunden

Der Laden ist neblig
und öde das Licht.
Eine Frau setzt sich zu Dir,
die leis mit Dir spricht.

Jaja - das ist selten,
wohin nur damit.
Komm, lass die Zweifel:
Die Stunde nimm mit!

Ihr testet und tastet,
das Vertrauen, es hadert.
Dann schneller und mehr,
ihr redet und albert.

Hast nach langer Zeit,
jemanden gefunden,
der lacht und der teilt
mit dir die Stunden.

Heut nur der Abend,
morgen vielleicht mehr,
mal sehn was die Zeit bringt.
Du wünscht es dir sehr.

Beruhigend zu wissen:
Du bist nicht allein!
Noch schwarz ist der Morgen
-Und Cassiopeia?!:
Leuchtet Dir heim!

Von Land zu Land

Ich bin der Geselle,
den es nirgends hält,
der die Zeit durchhastet
und die ganze Welt.

Es gibt Städte, die sind schön.
Voller Pracht und Leben.
Doch durch meine inn´re Uhr
ist mir nie Zeit gegeben.

So mancher Ort verzaubert mich,
stimmt mich fast schon heiter,
doch tief in mir da spüre ich:
Du musst jetzt einfach weiter!

Nur auf dem Weg von Haus zu Haus,
auf dem Weg von Tür zu Tür,
Stadt zu Stadt und Land zu Land,
finde ich zu mir.

Es ist die inn´re Ruhe,
die ich nicht finden kann
und so fang ich an zu reisen,
sobald ich will und kann.

Arme die mich halten wollten,
mich und auch mein Herz,
hielten mich nie länger,
als vom Jänner bis zum März.

Ob Liebe oder Hass,
ob traurig oder heiter.
Ich muss immer wieder fort,
ich muss immer weiter.

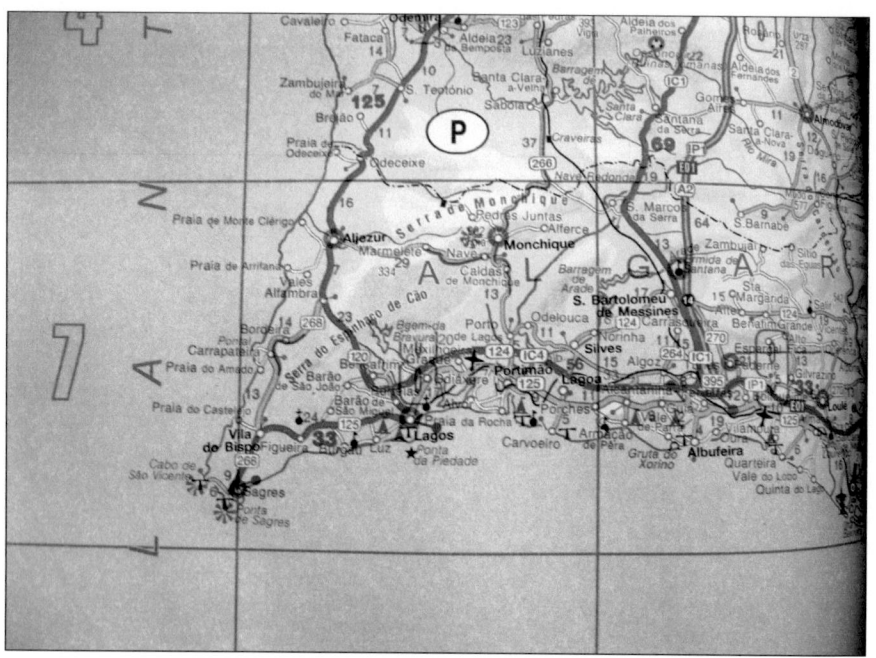

Fremde Länder, fremde Menschen,
fremde Sitten, fremder Sinn.
Ich streif über den Planeten
und ich bin so wie ich bin.

Vorbei ist diese Reise,
wenn meine Beine nicht mehr gehen.
Ich lausche dann den Winden,
wie sie mir erzähl´n.

In einem dieser Länder,
in diesem oder keins
bin ich mit unsrer Erde
am Ende wieder eins.

Lebensträume

Weißt Du noch wie´s damals war?
Die Träume hoch wie Licht.
Erste Liebe, dann die Nähe.
Nein! – Das vergisst Du nicht.

Die Welt lag uns zu Füßen,
so haben wir geglaubt;
in warmen Sommernächten!
Auch die sind schon ergraut ...

Was ist aus uns geworden?
Nach all der langen Zeit?
Kinder lachen in der Ferne,
die Antwort liegt so weit.

Das, was war, wird nie mehr so.
Verklungen sind die Lieder.
Doch wenn ich an damals denke,
dann erklingen sie mir wieder.

Viele sind schon fortgegangen,
wir sind noch immer hier.
Lebensträume, Lebensspannen.
Das was bleibt – das ist von Dir!

Textur und Form

Papier ist weiss,
scheint tot.
Seine Textur
verharrt im Warten.

Wenn aber Tinte
und Textur
sich auf bestimmte
Weise formen,

kann außer -
Gewöhnlichem,
Außergewöhnliches
entstehen.

Zum Beispiel:
Ein Gedicht!

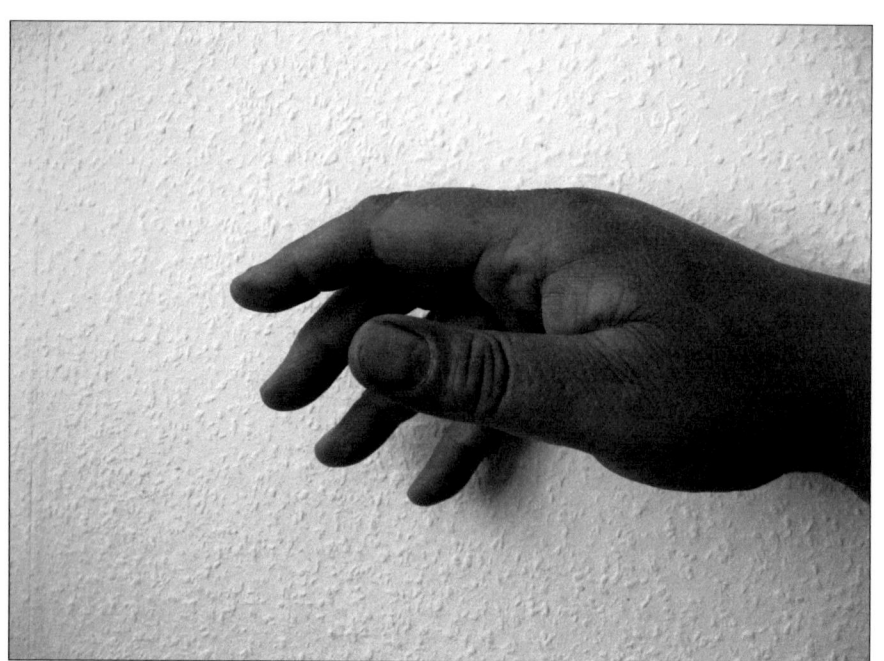

Nähe

Hinterm Lachen sitzt die Angst,
bist nicht offen, bist verschlossen.
Nähe ist wie Krieg für Dich.
Keine Träne wird vergossen.

Nicht für Freund und nicht für Feind,
nicht für Frau und nicht für Mann.
Weil: So nah kommt niemand,
ohnehin an Dich nicht ran.

Viele Schnitte kreuz und quer,
so tief sind deine Wunden.
Körper, Seele und dein Herz;
zerrissen und geschunden.

Du magst wohl den Sonnenschein
aber nicht der Nähe Licht.
Du ähnelst einer Muschel:
Bei Berührung machst Du dicht!

Statt der Menschen liebst Du Tiere.
Nichts, um das man wirklich ringt.
Natürlich freuen Tiere sich:
Denn Du bist die, die´s Futter bringt.

Leb ich?

Ich schlafe ein, ich wache auf!
Tausche eine Realität
gegen die nächste.
Treib es auf die Spitze.
Verwechsle Tag und Nacht.
Schlaf ich? Wach ich?
Weiß ich nicht.
Und
nur weil´s sich echt anfühlt,
ist´s noch lange nicht wahr.
Schlaf ich? Wach ich?
Leb ich einen Traum?

Getwittert:

Leb ich?

Ich schlafe ein, ich wache auf!
Treib es auf die Spitze.
Verwechsle Tag und Nacht.
Schlaf ich? Wach ich?
Leb ich einen Traum?

Der Preis der Nähe

Die Welt kennt nur die Wandlung,
nur Nichts gibt's auch für Nichts.
Willst Du haben, musst Du geben.
Das ist die Formel des Gerichts.

Und man bekommt nur soviel
wie man sich selbst verteilt.
Nicht weniger, nicht mehr.
So ist das Dasein eingeteilt.

Die Kälte braucht die Wärme.
Das Wachstum braucht das Licht.
Menschen brauchen Liebe.
Ohne Wandlung geht es nicht.

Willst Du Liebe oder Nähe
oder ähnliches vielleicht,
einen Menschen, der Dich mag
und der sich zu Dir neigt?

Gib Lachen und Gefühle
oder Unterwürfigkeit.
Die Menge zu taxieren,
ist die einz'ge Schwierigkeit.

Der hohe Preis der Nähe
ist die eigene Offenheit:
Der Blick auf deine Seele!
Bist Du dazu bereit?

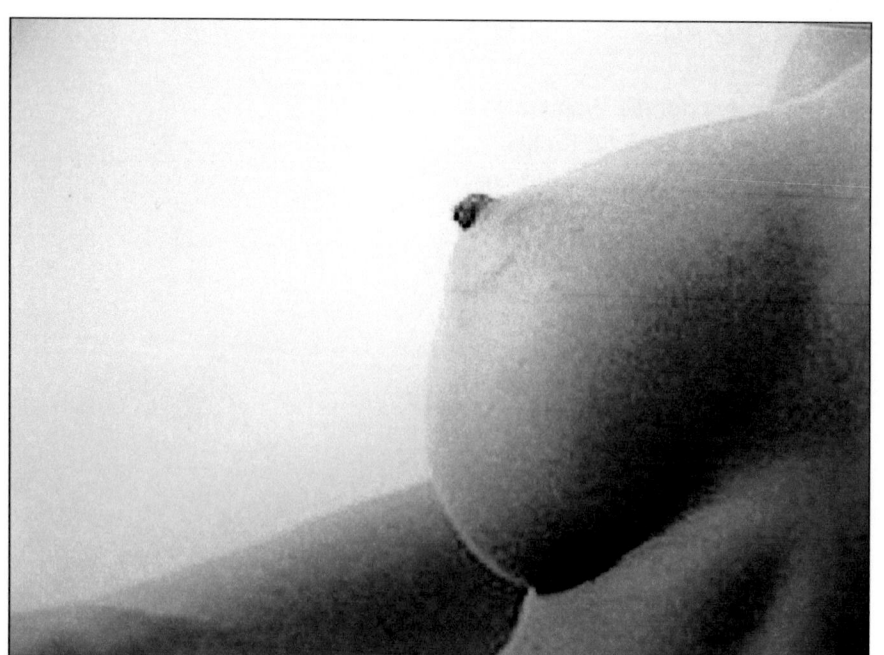

abendlicht

küss mich, beiss mich
treib es toll mit mir

lass dich gehen
schlag deine krallen

in meine haut
atme schwer

und keuche
saug dich an mir fest

damit auch ich
den verstand verlieren kann

geh noch nicht
stehst so schön

im abendlicht
bleib in sicht

noch einen augenblick

Die Winehouse singt

Die Winehouse singt
und es durchdringt
alles was geht
in mir.

Der lange verschlossene,
in Musik gegossene
Himmel öffnet sich
wider und für.

Sie torkelt und leidet
und unterscheidet
durch ihre Stimme
die ganze Welt.

Lachen von Tränen
Ab- vom Anlehnen.
Die Stimme lässt
nichts unerzählt.

Doch den meisten bleibt,
wie es sich zeigt,
nur das fade Rauschen
- des Feuilletons.

Spuren

Wir spielen und spielen
und weigern uns trotzig
erwachsen zu werden;
sind nölig und motzig.

Das Nichtstun ist unser,
wir sind nur beschäftigt.
Alles! Immer! Jetzt! Sofort!
Nichts wirkt bedächtig.

Wir wollen keine Spuren
auf dieser Welt hinterlassen.
Weil wir das Leben
in seiner Gänze hassen.

Wir lieben ausschließlich
den Spaß hier und jetzt.
Wir sind nicht verwoben,
wir sind nur vernetzt.

In drei Generationen,
so führen wir´s Leben,
glaubt auch nicht einer mehr
uns hätt es gegeben.

Gestern

Gestern dacht ich noch:
Das Leben ist so lang,
wie ein unendlich Zwirn.
Da war mir noch nicht bang
vor Himmel und Gestirn.

Gestern dacht ich noch:
Die Jahre bleiben stehn.
Die Zeit ist ohne Zwang,
ja so kann es weiter gehn!
Es gibt keinen Drang.

Gestern dacht ich noch:
Wie ist das alles schön,
alles ist so leicht wie Luft.
Wie durch Seide gehen,
erst später kommt die Gruft.

Gestern dacht ich noch:
Was scheren mich die Leute
und was schert mich Morgen!
Morgen ist nun Heute;
man kann Zeit nicht borgen.

Gestern dacht ich noch:
Ich hör nur Musik,
Auf das es heiter werde!
Heute ruft's zu mir zurück.
Es ist der Ruf der Erde.

Reziprok

Obwohl der,
der seins
zur Hälfte teilt,
danach
nur noch die Hälfte hat

hat jener,
der es kriegt,
noch lange nicht
das Doppelte.

Wirtsrecht

Würfel knallen,
Sprüche fallen.
Die Beschimfpung
der Gäste
gehört hier zum Recht.

Schlechter Geschmack
treibt Schabernack.
In den Gardinen
stinkt es!
Und Alles ist echt.

Nichts ist gewollt,
nichts ist gesollt.
So wie´s gekommen,
einfach nur da.
In die Räume gestellt.

Da freut man sich
ganz inniglich.
Dreck als Glasur.
Durch die Fenster
wird hier nichts erhellt.

Und so mancher ist hier,
ein wahrer Halunke.
Einfach herrlich,
so´ne olle Spelunke.

Kleine Insel

Weit doch klein,
klein doch weit,
grau und grün
und ohne Zeit.

Dächer so rot
geduckt im Sand.
In der Luft Schreien.
Frohfreies Land.

Menschen karg.
So hier sind.
Ununterbrochen
redet der Wind.

Das Wetter hart.
Treibt viele fort.
Sag ich doch heimlich:
Holt mich an Bord!

Riesling

Familie Julius hat langezeit
Schläge von Winzern geboren.
Zum Hochlob des Rieslings,
der von Ihnen vergoren.

Gepflanzt und gelesen zur Zeit.
Viel Arbeit, viel Mühe, viel Schweiss.
Gekeltert, gemessen, probiert.
Reine Sorten, wie´s alte Geheiß.

Schrötiges durch Können entfernt.
Das Spiel mit den Säuren gebannt.
Das Schönste der Früchte erhöht.
Ich giesse ein, ich bin gespannt!

Zitronen, Pfirsich und Äpfel.
Ein Riesling – so schön! Aus Rheinhessen.
Ich sitze auf meiner Insel.
Rund um mich: Nur noch Vergessen.

nur für die nacht

witzig war´s
und lustig auch
wir haben geturtelt
wie´s alter brauch

haben getrunken
getanzt und getan
wie wenn was wäre
wie nach einem plan

dann haben wir es
getrieben die nacht
sind dann entschlafen
bis wir erwacht

beim gehen dein name
war weg, wie schade
war nur für die nacht
was bleibt ist was fade

Dunkelheit

Schwarz, schwarz
die Nacht.
Kein Licht.
Kein Halogen.

Kein Feuer,
nur Sterne.
Ganz oben
zu sehn.

Götter wohnen
im Licht.
Alles dunkel;
sehe dich nicht.

Fühl Dich,
schmeck Dich,
hör Dich.
Duftest wie Licht.

Schwarz, schwarz,
die Nacht.
Schöner
geht's nicht.

Frühling II

Die Blumen stehen vor dem Fenster,
doch für Draussen ist mir zu kalt.
Alles ruft: Es ist neu, es ist jung!
Aber ich fühl mich zu alt.

Jedes Jahr stehen vor dem Fenster
die gleichen, bunten Vertreter
der diversen Blumensorten
und rufen und schreien: Seht her!

Ich bin´s echt müde, am Fenster
vor bunten Blümchen zu hocken.
Und auch dann, wenn ich nicht will,
über den Geruch zu frohlocken.

Sommer

Wie immer
zu heiß,
manchmal
zu kalt.

Zuviel Sonne,
zuviel Regen,
zuviel von alledem.
Einfach zuviel Leben.

Vom Guten zuviel!
Vom Schlechten zuviel!
So prall gefüllt ...
der Sommer.
Zuviel!

Herbst

Endlich, endlich
raschelst Du wieder,
durch unanständiges Laub.

Peitsch deine Winde
übers Land bis
die Hölzer laut knarzen.

Schmeiß das faule
Obst vom Himmel.
Die Dachpfannen auch!

Mach dass wir wieder
uns aus dem Innern
erwärmen müssen.

Winter

Der schöne weisse,
weiche Schnee erstickt,
aus Nähe und aus Ferne,
jeden Ton für unser Ohr.

Wie Diamanten glitzert
der erstarrte Wald.
Der Wind treibt vor sich
den Geschmack der Kälte.

Auch funkelt´s kräftig
von den Sternen und
fünf Raben streiten
sich laut um Gedärm.

Das Maß aller Dinge

Leise rieselt der Kalk
von der Welt, von allen Wänden
durch die Jahre, Jahrzehnte,
langsam, nicht wahrnehmbar
verrinnt wie Zeit in den Händen.

Zu Reden von Gott
ist jederman sofort bereit
hört die Musik, hört die Glocken
versteht nicht das eine, noch andre
und garnichts von Ewigkeit.

So ist auch die Harmonie
Ziel in unser´m Geschwafel.
Der Lack glänzt, das Beet gerade;
meinen wir doch Zufriedenheit.
Kreidestaub rinnt von der Tafel.

Wir sind die Krone des Seins!
Das glaubt selbst der Geringe.
Zeit verrinnt, Universen vergehn.
Wir bewundern nur Mittelmaß,
als das Maß aller Dinge.

Altmodische Liebeserklärung an Heike F.

(nach J. W. Goethe)

Aus den gefrorenen Böden
bricht's mit Gewalt hervor.
Schneeglöckchen und Primeln
sind allen Andern zuvor.

Gänseblümchen so strahlend weiß,
Gräser duften wie leichter Mai,
Löwenzahn durchstößt die Krume,
bläulich blüht die Akelei.

Maiensonnendurchflutet
trinken die Nelken die Luft,
balgen Kräuter sich überall,
Rosen versprüh'n ihren Duft.

Es summt und es schwirrt,
es brummt und es bebt.
Schluss hier! Kurzum:
Der Frühling – er lebt!

Jedoch: So sehr er sich müht
auch im zartesten Licht
und all seiner Schönheit:
Die Deine!
- die übertrifft er nicht!

Warten

Warten auf die große Liebe.
Warten auf das große Glück.
Warten auf die große Wendung.
Warten auf das Sahnestück.

Warten auf den einen Menschen.
Warten auf den Hauptgewinn.
Warten auf die eine Frau.
Warten auf den Lebenssinn.

Einmal glücklich, immer glücklich?
Nicht glücklich einen Zoll!
Nur jeden Tag ein kleines Glück,
macht das Leben prall und voll.

An der Seite eines Freundes

Rosen wachsen durch den Fels,
Wasser wäscht und mahlt den Stein.
Tränen füllen ganze Meere.
Es ist nicht leicht, allein zu sein.

Stunden tiefer Dunkelheit,
tauchen Dich in schwarzes Nichts.
Böse werden die Gedanken,
bei Abwesenheit des Lichts.

Mit dem Alleinsein zeigen sich,
Verzerrungen in Raum und Zeit:
Minuten werden Stunden;
jeder Schritt ist schon zu weit.

Doch wer in seinem Leben,
benennt nur einen Freund,
dessen Leben ist nicht sinnlos,
der hat nichts versäumt.

Ist ein Gang auch schwierig,
so zeigt es hier sich dann:
An der Seite eines Freundes -
ist kein Weg zu lang!

An alle!

An alle, die da sind voll Schmerzen!
An alle, die im Inner´n bluten!
An alle die, die gar nichts merken!
An alle Schlechten, alle Guten!

An alle ohne Zeit und Ruhe!
An alle ohne Raum und Heim!
An alle, die sich anders fühlen!
An alle, die da sind allein!

An alle Stummen, alle Blinden!
An alle, die da nicht mehr geh´n!
An alle, die das Glück nicht finden!
An alle die, die mit dem Herzen seh´n!

Einfach an alle: Hier ist Schluss!